JN409409

국보현대시선 ⑮

황혼녘의 갈색구름 어디로 가는 것일까?

No 老 **조성섭** 두 번째 시집

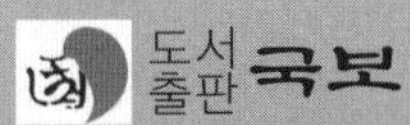

초판 인쇄 2011년 02월 21일
초판 발행 2011년 02월 28일

지은이 조성섭
펴낸이 임수홍
편집디자인 맹신형
발행처 : 도서출판 국보
주소 : 서울시 강동구 길동 395-3 2층
전화 : (02) 476-2757~8, 7260
FAX : (02) 476-2759
카페 : http://cafe.daum.net/lsh19577
E-mail : kbmh11@hanmail.net

값 8,000원

ISBN 978-89-93533-17-0 03800

황혼녘의 갈색구름
어디로 가는 것일까?

님께 드립니다.

참으로 아름다운 시

시에 대한 깊은 이해를 가지고 있지 못하면서 감히 서평을 쓴다고 하니 매우 부끄럽기 그지 없습니다. 이는 자의가 아니고 타인의에 의해 어찌할 수 없이 겸손하게 자신의 소감을 피력하고자 합니다. 저자께서는 연세도 잊으시고 건강도 그렇게 좋지 못하시메도 불구하고, 잠시도 쉬지 않고 취미삼아, 재미로 글을 써 오셨다고 하지만 글을 읽는 내내 참으로 감탄을 거듭하곤 하였습니다.

해박한 지식과 겸손함도 풍부하시고 진솔한 속내음을 표현하신 글들이 내내 기쁨을 안겨주시었습니다. 시집의 내용은 인생의 희노애락을 표현하시기는 하나 스스로 경험하신 삶을 토대로 하여 인생의 4계절을 노래하시는 것 같아 시문학의 풍성함으로 읽는이의 마음을 울리며 지나온 자신의 삶을 뒤돌아보게 하는 교훈서와도 같습니다.

구약성서의 시편기자 다윗임금은 평범한 한 인간으로서 자신의 삶속에 함께하신 하느님의 은혜를 깊이 느끼고 경험하면서 하느님께 감사와 믿음의 찬양 고백을 하고 있습니다.자신의 고백이지만 읽는 이로 하여금 동질의 고백을 하며 하느님을 깊이 경험할 수 있게 신앙의 지침서가 되었다고 한다면 '황혼녘의 갈색구름 어디로 가는 것일까?' 저자의 시집은 인생을 어떻게 사는 것이 행복한 삶인지 바른것인지 정직하고 진실한 삶,효에 대한 물음을 갖게 하는 화살과도 같습니다.아니 안내자와도 같습니다.

또한 인생을 마무리 하면서 준비하고 있는 시인의 모습을 보는 것 같아 참으로 아름답고 고운 한송이의 백합화가 풍기는 기품을 느낍니다.너무도 소중한 당신의 경험을 모든 이에게 선물로 남겨주시는 것이라 믿으며 감사의 인사를 드립니다.늘 건강하시고 남은 생애 행복한 삶 되시기를 빕니다.

최승철 (마태)신부

‖ 축 사 ‖

존경하고 자랑스런 아버지,

항상 책상에서 글을 쓰시는 아버지의 모습이 언제나 보기 좋았습니다.

건강이 안 좋으면서도 독서하고 글 쓰시는 것이 생활 속에 익숙해져 있었는데, 어느새 두 번째 시집을 출간하시고 또 정식으로 시인으로 등단하시니 장녀인 나의 마음 또한 기쁘기만 합니다.

어린 시절 가끔씩 아버지가 써 놓은 수첩에서 글이나 그림을 자주 훔쳐보는 것을 즐겨 하였는데, 아직까지 쉬지 않고 쓰시는 정성에 정말 감탄했습니다.

아버지의 삶이 한눈에 보이듯 담아있는 글씨 하나하나 속에 마음과 정성 그리고 그 세월의 느낌이 고스란히 담아 포장한 소중한 시 입니다.

저의 아버지의 「NO 老 시」는 영원히 늙지 않는 시집입니다.

아버지의 인생을 보듯, 사랑과 느낌 정성껏 담아놓은 아버지의 시집을 오래오래 간직하고 큰일을 하신 아버지께 고마움과 열정으로 사랑한다고 외칩니다.

장녀 수필가 조현숙

아름다움을 찾아가는 詩

그 누구든지 한번쯤은 사랑을 하고 실패도 할 수 있습니다.

그러기에 자기가 목표한 정원이라면 낙원이 되도록 가꾸어 볼 수 있습니다. 못하는 것과 중도에 그만두면 실패라 하지요. 끈기를 가지고 노력하면 목표에 이룰 수 있으니 누구든지 마음의 다짐이 중요합니다. 모든 일에 자꾸 노력하면 익숙해져서 장인정신이라 할 수 있습니다. 인생을 살아가는데 재미를 본다면 취미가 생기고 노력의 댓가를 얻는 쾌감이 옵니다.

누구든지 즐길 수 있고 누구나 아름답게 만들 수 있는 것이 사람들의 마음이라 합니다. 한 토막의 시로 인생의 기쁨과 생활을 아름답게 즐겁게 행복하게 그려봤습니다.

시는 내 마음에 간직하는 문장도 좋으나 사회에 통하는 것도 있습니다. 하오면 오래 생각 할 수 없으니 책으로 간직하오면 집안의 보감이 되는 것입니다. 여러분도 감정을 한번 표현해 보는 것도 좋을 것 같습니다.

짧은 글의 뜻을 가진 詩는 아름다운 것입니다.

老亞 조성섭

1장 꽃피는 새날

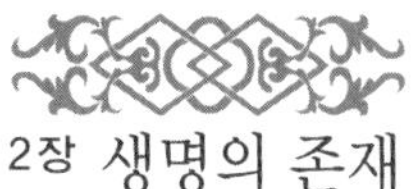

2장 생명의 존재

3장 만추의 낙원

4장 황혼의 애가

5장 먼 여행

1장 꽃피는 새날

먼-산 아지랑이 아물아물
가물가물 허공 속에 보이는 꽃
내 찾으니 춘산 불태우리

봄 처녀 中에서

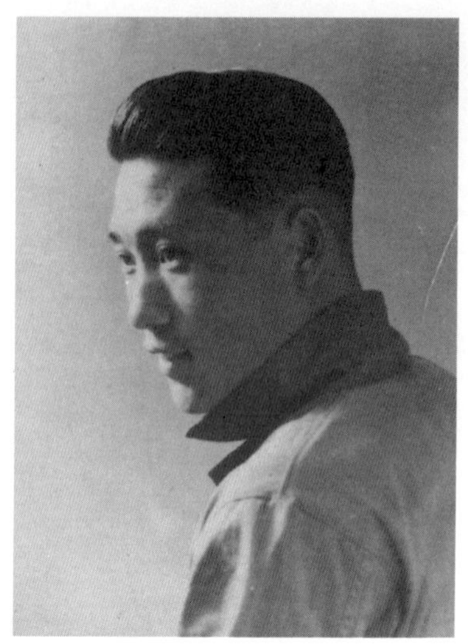

▲ 십대의 저자

▲ 김숙영 아내와 첫 만남

久友夢(구우몽)

친구야 두견주 익거든 날 부르소서
찬바람 불거든 내 어이 그냥 있을소냐
국화주 빚어 찬이슬 맞거든 너와 회포를

이 날이 오기를 서너 달 기다렸으나
오늘의 주야월장에 벗과 함께 취하리
친구야 어린 시절이 제일 좋은 날이더라

봄이 오는 날

입춘이란 말은
겨울도 이제 다 지나간 것인가
아이 추워라...
소한 대한 자취를 감추니
건양다경 이라
따사로운 햇볕은 날로 많아지니
만물이 소생하고
남지촉엔 매화 눈도 틀 것이고
화분란엔 촉아도 나올 것이니
찬바람도 멀리 멀리
대지는 꿈틀꿈틀 기지개를 펴고
꽃바람타고 노고지리 노래 부르며
지지배배 창공을 측량하나니
길라잡이 앞서가니
새 봄은 찾아 옵니다

봄 처녀

봄 따라 쑥 나온다고 쑥이라지
따스한 봄날 양지쪽에 나와 보니
쑥 나온다더니
참이라 쑥 나왔구나

방긋이 웃으며 나와도
할미꽃
봄날 따라 화사한 개나리
꽃잎은 봄바람 타고 한들한들
나들이 간다네

먼–산 아지랑이 아물아물
가물가물 허공 속에 보이는 꽃
내 찾으니 춘산 불태우리

봄처녀 진달래 타고 온다네
버들피리 바람타고
살랑살랑 꽃바구니 끼고
시집 간다네

회상

정다웁게
아름답게
그리움이 오고가는
생각에 잠길세라
그 옛날
그 시절
자꾸만 생각이 나지요
오늘도 내일도
기다리는 머릿속엔
추억의 봄날은
내 머리에도
지나 갑니다

만나면

그날의 나에게 아무것도 묻지 않는다면
진실로 진실로 나는 너에게 어떻게 대했을까?
이것이 앞으로 올 운명이 아니라 주어진 꿈이 되리니
대하는 자에 따라 달라질 것이니라
너는 어떻게 하면 좋겠느냐 나는 나대로 하는 게 좋지만
너는 네 맘대로 하는 게 좋겠지
서로가 만나면 대화로 이야기하다가
같은 꿈을 꾸며
새 봄에
새 날을
설계하리라

감초선생

동해에 감초는 바로 너였지
감초의 역할은 무엇이던가
없어서는 안될 중요한 책임
너를 도와주고
나도 도와주는
우리 동네 감초 아가씨
지금은 우리 교회 감초선생
우리 동네 감초 아가씨라네
저기가도 나를 찾고요
여기서도 나를 찾지요
누구나 좋아하는 감초 선생으로
동해 교회 직분 외에도 찾는 것이 나이지요
모두들 없어서는 안될 필요로 찾으니
나는 언제나 감초라네
발자취는 남겨 지리라

춘분

밤과 낮이 같은 날
겨울이 지나 봄이 오면은
해가 길어 진다고 하는데
춘분날에 길이가 같으니라

만물이 소생하려고
꿈틀거리니
곤충들도 때를 맞추어
먹이 찾아 나오리라

초목도 기지개를 켜며
들짐승도 산새들도
활동하면 배부르리

인간들도
새 희망을 찾아
일터로 나가며
내 꿈을 펼치리라

▲ 성산포 일출봉에서 (아내, 저자가 안고 있는 외손주 다니엘, 큰딸 조현숙) 1983년

화창한 봄날

오늘은 청명이라 연중 일기 좋은 날
너 나 없이 봄바람 살랑살랑
나들이 준비 한창이라
농부님네 파종의 밭갈이도 한철이라

북악으로 갈까요
삼각산으로 갈까요
차라리 돌아서 한강타고
자유로로 달린다
내 기분 청명이라

들녁에 개나리 진달래 철쭉 벚꽃들이
방긋이 웃으며 날 오라하네
내일도 청명인가
도시락 메고 소풍간다네

조상 묘지 찾는 한식이라
옛날에는 개자취를 기념하는 명절이라
불을 멀리하고
찬 밥 먹는 명절 이란다

虛塵沙 空塵沙(허진사 공진사)

티끌 먼지 우글거리는 곳
창창한 허공에 꽉 찼노라
훨훨 날아서 어디로 가나
아무리 가 봐도
너 있을 곳 없네

그럼
오늘은 쉬었다 내일 가세
우글거리는 허공 속에
살아가자니
숨 막혀 죽을 지경이라

공진사 말에
허진사가 받아서
일기는 항시 그러려니 하고
날씨 좋소 하더라

황사바람은
매년 오는구나

석화촌

돌이 많은가
꽃이 많은가
꽃동네라고 아이들 놀이터
꽃동네 새동네
석화촌이라 하네
꽃 꺾으러 달려가다
돌부리가 내 발을 차내
"아이구 엄마야!
엄마아
나 넘어졌다"
돌아보시는 엄마 하는 말
"울지 말고 일어나렴
장하다 내 아들아
어서 일어나"
말씀이 힘이 되어 후다닥 일어나
엄마에게로..
야! 살살 뛰어라
또 넘어질라
안아 주시는 우리 엄마
엄마가 최고야!
제일 좋아!

추억

어제 밤
백운당에 비가 왔는지
냇가에
시냇물이 졸졸졸

먼 동 트자 창밖을 보니
새 둥지에
서광이 닿을까 말까

꿈속에 있던 텃새들은
옛날을 그려보며 있겠지요.

〈국보문학 시 부문 신인상 수상작〉

잡초

잡초라도 아름다울 적이 있더라
보는 자의 눈높이로
그려 보나니
그 마음 어여쁜 잡초라네
큰 씨앗 속에는 나무의 생명이
작은 씨앗 속에도
한줌의 꿈이 도사리고 있노라

희망을 품고 있으면 상록수요
사람들 보기 좋으면 관상수요
밟히는 것은 잡초라지
꽃과 같이 사랑 받고 싶어라
나도 뉘와 같이
사랑 받으며 살리라
꽃 피면 날 반기어 주겠지

길라 잡이

꽃 바람 님의 바람 살랑품에 안겼으니
즐거운 봄나들이 간다네
노고지리 지지배배 노래하며
하늘의 기온을 재어보나
뻐꾹새 둥지 찾아 헤매고
버들나무 넘나드는 황금 새 그네 타네
흰 구름 떠가듯 좋은 세월 가는 구나
석양은 산마루에 걸렸고
바쁜 길손 발 재촉 하네
아지랑이 아물아물 아롱거리고
나물 캐는 아가씨들 진달래 꽃다발 만들어
서울 간 낭군님 오시면 건네주리라
두메 산 골 노옹이 밭갈이 하네
피리소리 들리오리
워낭소리 짤랑 짤랑
이랑 따라 씨 뿌리는 아낙네
손 놀림은 빠르구나
길라 잡이 내 앞길 인도하니
주막 집도 찾으리로다

알의 꿈

갑 옷 속에...!
누구나 침입 못할게고
흰 이불 쓰고 금빛 속에서
새 희망이 도사리고 있으나

누가 뭐래도
나의 꿈은
훨 훨 날고 싶어라

방해를 안는다면
나는 저 푸른 창공을
훨 훨 날아서 가고파라
하늘의 독수리 같이
비상하리라
비상하리라

꽃봉오리의 꿈

아름다운 희망을 안고서
명년에도 아름답게 꽃을 피우리라
추운 겨울을 견디어 왔지만
나의 희망은 꽃 피어 좋은 열매로
만인에게 칭찬 받는
꽃의 꿈을 비웃지 마라
나는 필거야
꽃 봉오리의 꿈은 웅대하고 크지요
좋은 열매로 땅에 심어 준다면
세월 가면 그날이 오리라
내 꿈을 펼칠 날이 오리라
꽃 봉오리 피어 열매 맺으니
반기는 사람 많더라

갈향전

봉 향기 그윽하나
들 암장에 인기 향만 못하리
가는 이 오는 이
다리 쉬-임도 즐거울게고
그 중에 차 향기는
날 오라 하네

여기에 입궐 한 듯
의젓한 나인은 어디 갔뇨
찾는 이 눈망울만
왔다 갔다
삼천 궁녀 찾으리...

인천항

월미도라
옛 날에는 아름다웠건만
지금은 갈 곳 없네
통통선 타고서
잔잔한 썰물에 뜨니
영종도로 가는 길에
건너다 보니 아름답고요
내려 보니 갈매기 끼룩 끼룩
졸라 대며 날으노니
수평선 위에 점 점 찍은 듯
가뭇 가뭇 줄지어 떴고
갈매기 오락 가락
비소우를 하는데
고동 소리 맞추어
하늘 쳐다보니
독수리 보다 큰 괴물이
날아 다닌 다냐!

물

물이라
물이 무엇인가
물은 소중한가
물은 만물들 먹여 살리는 어머니이기에
자기를 헌신하여
남을 살리는 본분이라
이 얼마나
귀중하고 좋은 역할을 맡은 물인가
세상에서 없어서는 안될 존재이며
너로 인하여
영양과 식량을 공급 받으니
생물의 어머니요
아무 때나 어디서나 필요한 물
없으면 또
생각이 나겠지

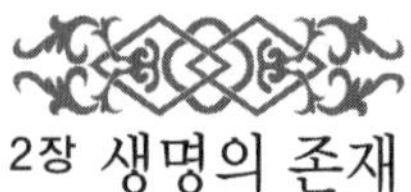

2장 생명의 존재

뭇새들 두리번거리며 눈치보고
꾀꼬리도 새들의 열창인가 착각에 빠지니
오늘은 한여름 매미들도 합창하네
인간들도 시끄럽다고 귀막아보리

매미의 합주곡 中에서

물개의 꿈

나는 더위를 많이 타나 봐
날마다 개울로 가지
학교 갔다 오는 길에
물 텀벙 나 텀벙
목욕을 하고 집에 오면
어머님께서 하신 말씀
소 끌고 나가 풀 뜯겨라
나는 얼씨구 좋아라
책가방 팽겨치고 소 끌고 개울로
순돌이도 소 끌고 나온다
개울 뚝에 매어 놓고
둘이서 물에 들락날락
수영 연습에 해 가는 줄 모른다
올림픽 때
수영 선수로 나갈거야
한국인 최초로 수영 일위
금메달은 내 것이 되리라
야-호 나도 해냈다
한국의 물개는 다시 태어난다
아우라지의 물개 새로운 꿈 !
세계를 제패 하리라

風水地理와 幸福(풍수지리와 행복)

自坐五行이 성궐한들 인간 오복 기쁠소냐
左靑右百이 두루 쌓인들 가화기온 좋을소냐
玄武朱雀이 주산이나 앞산을 본들 명예호걸 탄생하랴

화려하고 유덕한들 식복이 풍족 할소냐
승계 신승이 무슨 소용이랴
때는 부질 없더라
하늘이 주신 뜻이라면
억만년의 만만세가 없을소냐
이것이 다 부질 없는 예언이요
도선의 소책이라지
기우로 따르지 말고 세상 삶을 보라 !

진실로 진실로 그를 찾으려면
이상의 노력이 필요하리라
소망이 인간의 욕심이요
순리대로 사는 게 풍수지리에 적합하리로다

천사의 꽃

그대의 눈동자는
푸른 밤하늘 샛 별 같고
그대의 치아는
웃는 박꽃 같고
풍기는 향기는
백합화 같소

몸도 얼굴도 새하얀 순백한 자태

달밤에 님을 그리며
기다리는 마음과 눈초리
나는 알 수 있으리
그리움에 사랑은
언제인가 돌아오리라
그대마음 내 마음의
백합은 아름답게 피리라

▲ 부활절 거실에서 아내 김숙영

무지개

보트는 강물 위에 떠 있고
돛단배는 대하를 지나간다
연기 뿜는 통통 배는 바다에서 놀고
고기 잡는 어부들 새벽을 누빈다

저 하늘에 흰 구름 떠있고
둥실 둥실 잘도 간다
배들은 하는 일도 많더라
남 보기에 아름답게 보일지라도
하는 일 많으리라

비소우 하는 갈매기
무지개다리 밑으로 날으니
천공 천사의 신부름인가
육지까지 오시는 선녀님
내 마음도 설레이고
만나보는 게 소원이로다

몽궁지전

누구나 볼 수 있는 게 아니고
아무나 꿀 수 있는 꿈이 아니라

여기 오시면 당신이 볼 수 있는 꿈
낙원의 꿈의 동산 이런가

아름다운 아가씨 천국이라
꽃들도 춤을 추며 반기네

새들도 노래하나니
향기 따라 찾아오는 손님

낙원의 들암장
꿈에 본 동산이라

형유궁

아름다운 동산에
어둠을 밝히는 반딧불
음악 소리에 춤추는 갈대 잎새들
개똥벌레는 짝을 부르고 있나니

어디선가 그 향기 찾아오겠지
막연한 소망의 기다림이

네 작은 불로 밤의 천공에 빛이 나니
주일 공천에 해만 못 하리요

인기의 보는 관점은 멀리 보이리
향기의 인도함이 만남의 광장이라
탓하지 마라
여기는 아방궁 보다 나으리

미락전

가운데 자리 잡아
들락날락 경치 참 좋소

장미 꽃 화사한가
인형이 더욱 아릿다워라

여기는 차 향기로 그윽하구려
세상일 접어두고
다리 쉬임도 어떠하리
목 마른 손님 입 맞추노니
차 향기에 기운 쏠리리

여기에 차 한잔
대령이요...

소공전

어린이 환궁에도
공주 혼자만은 외로워라

소인 천국에 살면
꽃 대궐 속에 낙원이라지

네가 못하는 일 내가 하고
내가 못하는 일 네가 하리

어리다고 넘보지 말라
작다고 깔보지 말아라

그대로 있는 것 다 갖추었다
약하다고 무시말라

쓸모 있을 때 많으리
소인 세계도 궁전은 아릿다우리...

여름오나

오월은 푸르구나 녹음 망초 자란다
오월이 열리면 어린이 세상
뜨거운 태양이 웃는다

황색 도조는 5월 5일에 찾아오지요
녹수 지열 사이로 넘나들며 노래하리

농부님네 쉬어 볼세라
노고지리 광야를 날으며 천공을 재어보나니

밭가는 방울 소리 맞추어 이랑 세어보리
씨 뿌리는 아낙네 손놀림도 좋구나

결실은 백일 후에 보리라
올 가을 풍년가에 잔치 하자꾸나
약혼자도 풍년 되기를 기다리나 보라

▲ 첫 외손녀 강혜인

광복절

뒤돌아보니 11살이었더라
8월 15일 이 날이 광복절
오늘 65주년 기념일
광복절 그 날이 오면
새로운 광화문 앞에서 만세 부르리

그 때 해방되던 날
왜놈이 연합국군대에 항복하던 날
나는 기억하리 그 날의 환희를
약소민족이 다시 자유를 찾아
국호를 찾은 대한민국
나는 자유다 나는 살았다
환희의 벅찬 가슴 안고 만세 부르리

태극기 물결이
골목마다 넘쳐 흐른다
광복의 기쁨이 하늘에 닿으리라
이 영광을 당신은 알아주리
이 기쁨을 당신은 보았으리

폐허의 땅 재건하리
번영을 위하여 나는 일하리
하늘에는 영광이요
땅에는 자유의 부흥이라

민족에겐 자유평등 얻으리
나도 만세 부르리라
그 날을 기억하며
광복절은 만세 만만세
나는 외치리라

작별의 교우

간다 간다 나는 간다
님을 버리고 떠나간다
정든 님을 버리고 가는 몸
정일랑 버려두고 떠날소냐

나도야 아니 보면 그리워 질게고
보고프면 인연 닿아 또 만나리

만나리 다시 만나면 반가우리
은혜주시는 그 날이 축복의 길 이라면
기다림이 여기에 닿았도다
그러니까 이별 아닌 작별이란다

간다 간다 너는 간다
고깔모자 쓰고 떠나가느냐
버리고 가는 이 어쩔 수 없으리
정을 두고 가면 나는 어이하라고

어느 때가 되면 만날 날이 오리이까
가시는 님 잡지 말고 사뿐이 보내오리다
님보기 역겨워 잠깐 옮겨 삶이란다
그 날이 축복이라면 슬프지 않으리
훗날에 또 만나면 반가우리
그러니까 이별 아닌 작별이란다

매미의 합주곡

대추나무 낮은 곳 이죽매미 이죽얼이죽얼
뒤뜰 밤나무에 참매미 맴맴맴 맵다고 울고

건너편 배나무엔 쓰르라미 쓰다고 쓰람쓰람
미루나무 꼭대기엔 말매미 찌르르 하고요
천지를 호령하오니 그 소리 요란하네

뭇새들 두리번거리며 눈치보고
꾀꼬리도 새들의 열창인가 착각에 빠지니
오늘은 한여름 매미들도 합창하네
인간들도 시끄럽다고 귀막아보리

어이할꼬 세월가니
나무밑에 모인 농노들 손풍기 흔들어도
여름은 찌는 듯 무덥구나
너희들 합창곡 들으니 솔바람 불어 낮잠 청하리
그러는 사이 석양이 오네

돈의 우상

세상에서 돈이 많으면 위력이 커진다
그것이 우상으로 변하여간다
약한 자를 모두 굴복 시켜서 노예로 만든다
돌고 도는 돈이라지만
사용하는 자의 마음먹기 달렸다
그러함으로 적절하게 사용하는 자는
베풀면서 공덕을 남기는 것이고
돈을 쓸 줄 알아야 섬김을 받을 것이다

자연의 일과

오늘 밤에 우는 소리 억울해서 울어대는 개굴 개굴 개굴
암흙 속에 고요한 밤 적막을 깨뜨리는 청개구리
시간따라 울어대니 명일에 소낙비 오겠다
오늘 밤에 우는 소리 억울해서 울어대는 개굴 개굴 개굴
암흙 속에 고요

먼 동트니 서광은 새벽을 깨운다
맴맴맴 숲속을 요란캐 하는 놈
맴돌이 합창단 하나가 울면 따라하는 합창단
우렁찬 노래소리 숲속에 퍼져간다

골짜기엔 쉬지않고 내리는 소리 졸졸졸
장단 맞추어 흐르니 그것도 가락이 한토막
폭염 속에 한숨 쉬었다 다시 움직이는 연수리

낙양산 노을 붉으레 수 놓아지는 서쪽 하늘
청포도 알알이 익어가는 넝쿨 아래엔
남녀 농부 분주히 일손 바빠 하더라

그림 속에 신선도 쉬어가는 용문산 연수리
수련관 마당 위에 잠자리 오르락 내리락
달맞이 꽃 위에 앉은 잠자리 꼭꼭 숨어라

너 잡히면 오늘은 그만이다
내일도 기다리는 아이들 즐거워라
잘있거라 연수리야 윤회생활로 나는 간다

육안과 영안

하느님께서 자기를 사랑하오니
따르고 믿는 자들아 나를 보라
만물을 눈으로 보지 말고
귀로 들으려 하지 말고
마음으로 깨달으면 보이리

육안으로 못 보던 것 다 보이리
영안으로 보려하면 잘 보인다
공경하고 봉사하면 눈 밝게 뜨이리
믿음의 영안은 회개 후에 찾아오리라

하느님께서 하신 말씀 네 마음 문을 열어라
영안으로 보면 보이리
너를 위해 준비한 것 보이리
만민들아 나를 보라
영안으로 보면은 축복도 보이리라

씨앗

사랑으로 평화로운 세상에 살면
씨앗 속에 큰 꿈을 가지고 있는 눈이
어리고 연약하나 세상으로 나오면
희망은 광대하지요
먼저 난 자가 보살펴 주면
그 씨앗은 거목이 되리라
사랑으로 사랑으로 보살펴라
앞날의 동양재 되리니
인간들도 그 곳에서 사랑 얻으리

욕망을 버리고 진실로 거래하면
깨끗한 마음으로 자라서 제 할 일 다 하고
늙으면 산화 되어감이 천측이라
너무나 괴로워하지 마라
슬퍼하지 마라
이렇게 살다 후일에
새로운 싹을 남기리다
좋은 열매는 희망이 크다

▲ 경주 꽃탑 엑스포에서 아내와 함께 (1998년)

메아리 되어

사랑으로 베푼 곳이라면
만물은 메아리 되어
다시 제 자리로
찾아 오기 마련입니다

온유한 사랑을 하면
받는 것도
따사로운 사랑으로 돌아옵니다

모든 생명을 포용 할 수 있다면
그 사랑도 메아리 되어 오리니
억수로 더 해주리다 하십시요

술

술은 먹으면 기분이 좋고
선비의 홍안이 예뻐지고
악인이 먹으면 마음을 검게 한다
더 먹으면 큰 일도 우습게 본다

가난한 자가 먹으면 힘을 돋우어 주고
부자가 먹으면 교만이 따른다
지나치게 먹으면 인사불성이고
더 먹으면 인간을 헤치는 것이니
누구나 적당히 먹기를 바랍니다.

그것은

처음엔 당신이 미운 날도 많았지
갈수록 마음먹기 달렸구나
미운 것보다 아름답다고 하라

사랑스럽다고 생각하고
좋게 보면 더 예쁜 말이 되어
미움이 없어질 것이다

생각을 바꾸면 되는 것을
인간들은 고집만 세우지
상대가 좋아지기를 기다리지 말고
내가 먼저 변해야지

마음을 바꾸면 잘 되고 편한 것이요
자꾸 자꾸 바라지만 말고
먼저 바꾸리라 하소

3장 만추의 낙원

황혼 속에 저물어 가는 노옹의 사랑이라
있을 때 잘함이 더 좋을세라
미수 백수는 한참 기다려야지
이러다 보니 금실의 원앙은 우리 차지로다

금실의 원앙 中에서

코스모스

늦 여름 부터 가을 까지
여름 향기 풍기는 꽃이라
추석맞이 고향 길에
동구 밖 언덕길에
코스모스 피었다네
고향의 부모님 뵙기 전에
먼저 반기는 코스모스 길
한들 한들 손 흔들어 준다네

선물 보따리 들고
꽃잎 뜯어 입에 물고
고향 집 가는 기분
마음에 즐거움이 넘친다

숙영이 머리에 꽂은 코스모스
예쁘기도 하여라
초 가을 바람에 한들 한들
연인 보다 더 아름답고요
즐거움이 넘치네
이것이 나의 행복
인생의 낙원이라네

▲ 큰딸 조현숙 부부의 한국 방문시 구리 한강변에서 기념사진

산은 불탄다

산은 철따라 변화되어간다
봄에는 죽은데서 살려고 초아를 내밀고
꽃을 피우려고 입새부터 나온다네

여름이면 무성한 숲을 만들어서
그 속에 많은 생명이 살아 낙원을 이룬다
선선한 가을바람 불면 열매 맺으리

세월 따라 입새는 가버리고 떨어져
슬픔이 오는가 또 새 꿈을 도사리는 촉아
곤충들도 명년을 위해 이세의 꿈이 월동으로
둥지를 틀고 은둔생활이 윤회 하리

새 생명이 자연 속에 토종이란 진리의 이름 안고
자연은 돌아가는 물레방아 세월
꿈을 피우려는 봄철 다시 오리니
새 희망에 초아는 눈을 뜨기로 한다
이것이 자연을 이어주는 생존경쟁의 세월

가치관

사랑은 마음이 없는 곳에서부터 움트고
바람은 무풍지대에서 일기 시작 한다
있다고들 하나 보이지 않고
안 보인다고 하나 없는 것은 아니다
무형이라도 거리낌 없이 간다

가는 곳 마다 좋아하면 기분 좋고
싫어하면 지나가는 바람이어라
믿음직하나 있을 곳은 마음속이라
사랑으로 가면 얻을 것이고
바람으로 가면 허황되리라

품에 안으면 푸근함이 정이고
배척하면 찬바람이 인다
진정으로 원하면 이루어지나니

▲ 제주식물원에서 아내와 함께 (1983년)

離別(이별)

서로가 위해주고
사랑이란 둥우리에는
함께 가는 길
자존심으로 사랑이 멀어지면
낙원의 별은 저물어간다
함께 있을 때 잘 하여라

떠날 때 슬픔을 나누면 추억은 남으리
미움의 정은 추억되어 그리움으로 흐르고
네 마음을 채우지 못해
미안 미안 미안함만 남기고

너 나를 모르나 나 너를 믿으리
가면 오지 않는 인생 길에
아웅 다웅은 하지 말아야지
알콩 달콩은 영원하리라

이별이란... 부르시면 가오리라
가더라도 내 너를 지켜주리니
내 너를 잊지 못해 매일 찾으리
너도 부르시면 즉각 달려 오겠지

금실의 원앙

칠십 여년 세월 가듯 사람도 가네
여보의 요염함은 어디가고
저물어 가는 일몰 같구려
황홀한 당신의 손 잡고 저녁 달 볼 때
그 모습이 자꾸만 그리워집니다

그 시절 님의 품속에 잠들어 감이
새록새록 새로워집니다
파랑새의 꿈은 아닐지라도
생각은 다정함의 얼굴이 그리워지나
이것이 고희를 넘으니 희수 산수 잠깐이라

황혼 속에 저물어 가는 노옹의 사랑이라
있을 때 잘함이 더 좋을세라
미수 백수는 한참 기다려야지
이러다 보니 금실의 원앙은 우리 차지로다

▲ 제주식물원에서 6촌 조경섭과 함께 (1994년)

혼자 가는 인생길

그가 얼마나 사랑했으나
혼자만이 가는 길이로다
아름답고 화려한 자연 속에
기쁨을 못 느끼고
혼자만이 살아가는 그 길이기에
누가 붙들어도 뿌리치고 가는 길

세상은 넓으나
크고 넓은 길로 가는 자 실망하고
좁은 길로 가는 인생은
어려운 길로만 가는 인생이라

허무하지만 남길 것은 없어라
아무것도 가진 게 없어
홀가분한 몸으로
나를 부르신다면
빈손으로 가리라

올 때도 빈손으로 왔으니
갈 때도 빈손으로 가리라
나 혼자 가오니 잘들 있으시오

황국

샛노란 빛깔이 순진하게 보인다
어여쁘고 향기도 많아
가는 이 오는 이 설레게하네

처자가 보면 향기롭다 하고
사나이가 보면 탐스럽다 하리
찬바람이 없어도 국화 덕분에
천고마비 시절이 이제로다

인간들은 눈으로 즐기지만
못된 손으로 욕심을 채우려고
내 모가지를 꺾어 가는구나
이제 죽어가는 불쌍한 황국이로다

보고 즐기며 연인에게 자랑하는
그런 사람은 나를 어여쁘게 보리라
한 송이 꽃을 피우기위해서
여름내 자라온 나의 자랑이로다

16강으로!

가자 가자 32강은 우리들의 놀이터
태극기 휘날리며 붉은 악마의 용기로
오르고 오르는 16강의 비파고개
달려라 태극의 용사들아

검은 대륙에서 힘차게 뛰어라
젊은 용사 코리아여
열여섯고개 넘으면
여덟고개 보인다
더 달려라 4강까지

승리는 우리의 것
21세기의 영웅은
코리아의 붉은 악마들

견우화(나팔꽃)

일년을 기다렸는데
직녀성을 보려고
하루의 잠깐이라니
밤마다 이슬 먹으며
살아온 견우화라네

매일매일 갖추어 온
내님 보려고 입 벌려
부르다가 잠이 들었지
깨어보니 아침 이슬에
서광이 비치어오니
벌어진 나팔꽃이 굳어버렸다

광선이 싫어서
울다가 시들어버렸네
나는 이제 지상에서 사는
나팔꽃이라네

슬픔이여 멀리 가거라
봄철부터 이슬 먹고 자라온
꽃 피우니 내님 만나지 못해
햇볕에 시들어버렸네

나의 향기는 밤에 님을 부르지만
은하 세계까지 언제 가려나
밤새워 부르다가
날 밝으니 시들어버렸도다

칠석날이 오면 만나자는 약속이
오작교에서 상봉의 순간
잠깐의 만남이
또 이별이로구나
내년을 기약하리오

광명

하늘에서 찾아오는 서광이라
지구를 비춰주는 광명이라 한다
동방에 첫 번째로 찾아오는 나라
금성이 아니라 샛별이라
찾아주는 서광이라지

별빛을 따르는 서광은 하늘에 으뜸이요
태양보다 먼저 오는 서광이라
대륙 동쪽에 제일 먼저 비치는 간절곶
울산이라 대송리 간절곶 동해안
태양빛이 새해 첫날 먼저 도착하는 곳

광명이 동방의 나라로
대한민국 찾아오는 서광이여
지구촌 대륙에서 먼저 비치는 나라
서광이여 영원히 비치어라
태양이여 영원히 비치어라
간절곶 비치는 태양 7시31분의
생명은 빛으로부터 오나니...

가고파라

점점이 찍은 듯 수놓은 그림인양
내 고향 바다가 저 멀리 보이네

꿈길 오고 가는 부모형제 얼굴들
언제나 그리워라 만나고 싶은 얼굴

동산의 느티나무 밑 만나던 그 곳
세풍속에 통통통 발동소리 기억나네

백사장 위를 날으는 갈매기
짝 찾아 끼룩끼룩 외로운 소리

만선이라 노래 부르며 즐겁게 돌아 간다네
집집마다 기다리는 아낙네 마음

깃발보고 환호의 함성 웃음 터진 아이들
가고파라 그리운 내고향 바닷가

육신의 입맛

사노라면 육신을 위해 노력하지요
한번 자고 나면 잠 맛이 좋아야
살맛이 난다네

잠 맛이 깨름직하면 입맛도 떨떠름하다

입맛도 없으면 밥맛도 형편없다
육신은 잠 맛으로 시작이라

입맛이 떫으면
밥맛도 어디가고
밥 맛 없다고 먹지 않으면
죽을 맛이라 한다

인생은 살맛이 아니라
죽을 맛이란다
그러니 육신의 맛을 살려라
하오면 영혼의 맛도
다시 오리라

▲ 독일 나인펜덴 큰딸 조현숙 집 앞에서 (사위, 조정기 둘째 아들)

민주화 투쟁이 통일까지

대중님은 나로호 타고 하늘까지 가시나요
노통은 황색 비행기 타고 천국 갔다지만
민주를 지고서 평화호로 가시려고 했으나
통일호 만들다 두고
빠르게 천국 가는 나로호를 기다립니다

국민이 보시기에 세계 평화호로 가시려고
IMF도 이기고 정치 깽도 이기었으나
우리 손으로 만든 나로호 타고 갈거야
민주화로 잃어버린 세월 속에 청춘만 늙어
통일호 아직 5o키로 80키로로
종착역까지 멀기도 하여라

여지껏 길잡이로 대한민국이여...
어느 영웅이 도착의 테이프를 끊을까
뒤에 오는 자가 어부지리로 얻으리라
인생은 아름답고 역사는 발전한다지만
화해와 용서는 민주주의의 사랑의 꽃이라
번영 속에 그 날을 밝히어다오
꽃피워질 날은 화평으로 오리라

해신의 영웅

신라 문무대왕은 조국 지키려고
동해 해신되어 수 만년 지키노라
조선 운명이 해전에 걸렸으나
이순신 손에 무일푼 백의 종군으로
나라 지키려고 운명을 숨긴 영웅이라

유디티 귀신 한 주호
해신되어 조국 지키노니
억센 파도 넘나들어
달리는 코리아의 영웅이로다

내 강토 내 민족을
천만년 수호하려고
몸을 던진 해신 왕
나라의 영웅이로다

나는 간다 나는 간다
나라지키는 사나이로
용감한 바다의 사나이
진짜 사나이 한 주호
코리아의 해신 왕 진짜 영웅이로다

처음 그 마음으로

사랑으로 시작이면 좋은 열매 열리고
믿음으로 시작이면 소망이 족하도다

용기로 시작하면 능력이 생기고
미움으로 시작하면 불화가 생긴다

아집으로 시작이면 재앙이 들고
투기로 시작이면 죄악이 싹이 튼다

열정으로 시작하면 꿈은 이루어 지고
근면으로 시작하면 성공이 보인다

봉사로 일하면 행복이 찾아오고
선덕으로 일하면 이름을 남긴다

익어가는 포도

기쁨이 알알이 맺혀 익어갈 때
내 마음 흐뭇하고 탐스러운 한 송이
캠벨어리 열매를 만들어 보려고
따사로운 햇볕에 익어가는 그 맘
보는 사람마다 입맛 댕기는 모습

알알이 익어가는 녹색송이가
사랑 담긴 정성으로 검붉은 색으로
흐뭇한 마음 나에겐 기쁨이어라
식물들도 즐겁게 기다리는 것은
사람들의 손길을 바라노라

사랑

볼 수는 있어도 보이지 않고
들을 수는 있어도 들리지 않네
잡을 수는 있어도 잡히지 않으니
누가 그를 무어라 말할 수 있으랴
이는 내 마음 속에 있는
사랑인가 그리움인가 하노라.

〈국보문학 시 부문 신인상 수상작〉

길

마지막 길에는
새로운 길이 또 시작된다

우리는 인생이란 긴 길을
허우적대면서
한 걸음 한걸음 걸어가야 한다

어떤 때는 평탄한 길이
어떤 때는 꼬부랑길이
어떤 때는 가시덤불 길이

어쩌면
시작의 길은 봄으로부터 오고
사라지는 길은 가을되면 되돌아온다.

〈국보문학 시 부문 신인상 수상작〉

風景授得世(풍경수득세)

우리나라 계절 따라 모양이 달라진다네
아름다움이 사철 바뀌어 옷 갈아입고

자연은 화려한 옷을 바꾸어 입으니까
철따라 아름다움이 으뜸이라지

詩客들은 그 모습을 글로 재주를 부린다
취흥에 따라 즐거움이 멋과 맛으로

향기로움이 사람 마음을 설레게 하네
금수강산이 바로 여기 이강토로다

가무적인 예술로 창의적으로 발전하면
인간은 갈수록 21세기를 열어갑니다.

4장 황혼의 애가

밤새워 노래하며 사랑찾으리
그 날의 역사를 만들기 위해
그 날의 꿈을 이루어 본다면
역사는 오늘 밤에 이루어지리라

오늘밤 中에서

歸土(귀토)

흙으로 돌아가리 인간들의 남은 몸이 온데
속성으로 돌아가는 것은 無始無終이라

알파와 오메가요 윤회의 인생이로다
시대적 변화로 召天 하는 것이 순리로다

서거함이 寂滅로 歸土 하는 말이 온데
순리대로 가는 것이 아름다우리라

가는 자는 인사 없고 본향 찾아 가리니
육신은 산화되어 자연으로 돌아감이로다

남길 것은 무엇인가 가지고 갈 것은 무엇인가
아무것도 못 가지고 가는 신세로다

그러하오니 이름만 남기어라
그리움만 남겨두고 가거라

금강산을 옮기려고

문인 들이나 화백은 글로서 산을 옮겨 표현하지만
옮기려는 힘은 없는 모양이로다

화백상은 붓 끝으로 화선지에 옮겼지만
아름다움은 다 할수 없으리로다

악산려수를 붓으로 그릴 수는 있으나
이동하기에는 어려움이 있도다

풍류객이 화려한 자연을 읊을 수는 있으나
따라감이 다르오니 남김은 어떠하리

신선들도 그곳에 와 유경하지만
지나는 태양과 바람은 없으리라

조물주이신 하느님께서 만든 작품이온데
어리석은 인간이야
그곳으로 가는게 좋으리라

꿈이런가

날 반겨줄 님 없으니
자연을 벗 삼고
춘화 호시절에 낚시 메고 집을 나서니
길가에 반겨줄 들 꽃 뿐 일세
세월 좋을손 꽃은 무슨 일로 붉으나니
찾는 이 없어 반겨 줄 일도 없으리
나와 매 한가지니 따르라지요

너랑 나랑 같은 신세오니
님 찾지 말고 낚시 메고 오너라
사귀어 봄이 어떠할고
뉘 알리 꽃 반지 꽃 목걸이
내가 걸어 주리라

가는이 오는이 말 한마디 주오리다
내인들 어떠하리 오늘 밤에
각시 방에 불켜 놓고 날 맞으려 하라
월창가에 솔솔 바람 불어오거든
님의 품에 안겨 주리라
좋은 꿈의 만리장성 쌓으리라

부모 은공

하늘님 사랑으로 가정이 생기고
삶에 사랑이 위대하리니
어머니 사랑이 크고
아버지 사랑도 같으려니

그러므로 너희도 자라서
어려운 세상에 어른 되어 보리라

위대하신 부모 사랑에 보답하라
알거야 알거야 하지 말고

바다보다 넓고 큼을
너희는 어른 되어 알아 보거라

철들면 늦으리
부모 은공 백분의 일이라도
갚아보아라

한번 그리고 더

한 자루의 초가 한번 밝히면 어두움을 몰아내듯이
한번 웃음이 만인의 우울증을 몰아낸다

한 송이 꽃이 미래의 꿈을 만들고
한번 만남이 추억을 만들 수 있으리

한번 실수로 신세 망치지 말고
한번 기회 잡으면 성공으로 가라

유익하게 쓰는 자가 훌륭한 자요
후회 하면 즉각 재기를 찾아라

노력하면 안되는 일 없단다
다시 도전하면 길이 열린다

▲ 경주 엑스포에서 아내와 함께 (1990년)

與留堂(여유당)

더불어 살다 가는 곳도 우리 집
쉬었다가 가는 곳도 우리 집
잠깐 머무르다 가는 곳도 우리 집
나그네도 거쳐 가는 우리 집

인간 삶에서 아옹 다옹 하다가
갈적에는 아무 말 없이 간다네
욕심도 버리고 그냥 가리니
생멸로 고요히 편히 쉬었다가
본향으로 가는 곳이 여유당의 삶이라

국화

국화는 가을에 피어나는 꽃
좋은 시절 다 지나가고
이슬 굳어 서리 차니
낙목한천 찬 바람 불거든
너를 반겨 주리라

선비와 풍류객들이
너를 좋아하지만
그 중에 황국이 으뜸이라지
문객이나 풍류인이 말하기를
너를 빼고는 추절에 이를수 없으리

나는 알지
시화에나 풍객들이
너를 좋아 한다지
뜰 앞에 심어 놓고 혼자 보기는 아까워
국화 피자 술 빚어 놓고
귀한 손님 초대하여서
너를 칭찬하리라

▲ 천지연 폭포에서 고향사람과 같이 기념사진 (1994년)

만추

그토록 지루하던 여름날
불볕 더위도 가버리고
또 진저리 치도록 쏟아지는 비
여름지나 장마가 온다네

뇌성이라 우당퉁탕 무엇이 부서지나 했더니
쏟아지는 소낙비에 산 사태도 한목이라

밤 새워 쏟아지다 날 밝으니 멈추는구나
아침 TV 방송에 중부 지방이 절단이라

국지성 호우로 물바다가 되었구나
농작물도 잠기고 망가져 버렸네
인가들도 물에 잠기어 어이하라고
구호의 손길은 어디로 가 버렸나
찾아 오는건 찬 바람에 서리치니
산천 그대로 붉은 옷을 입는구나
난리속에 산 단풍 관광이 한창이로다

오늘밤

세상이 고요한 밤이면
반짝이는 별들만 속삭이며 얘기하며
침침한 지표에는 고요함이 흐르고
역사를 만드는 거장들의 작업 시작되리

바람도 잠든 밤이기에
새들도 새 꿈을 꾸며 내일을 기약하오
적막을 깨뜨리는 귀뚜라미 소리
너는 두견새보다 더 요란스럽구나

밤새워 노래하며 사랑찾으라
그 날의 역사를 만들기 위해
그 날의 꿈을 이루어 본다면
역사는 오늘 밤에 이루어지리라

여유당2

내가 편히 쉴 곳도 여기요
항상 즐길 곳도 여기라
즐거운 나의 집뿐이리
나 항상 일하다 쉴 곳
여기 오락장이 있으므로
온 가족이 화목케 살지

춤추고 노래하는 즐거운 나의 집
날 오라 하여도 나는 바쁘리라
내 평생 여기 살고 싶어라
즐겁게 일하고 편히 쉴 곳은
나의 오락장에서 일하다가
편히 쉴 곳 여유당으로 가리

눈 오는 날

흰 눈이 펑펑 쏟아지며는
새들은 먹을 것 없어 울고 있지요
배고프다 잘 집도 없는데
누가 와서 도와주는 자 없구나

아이들은 즐겁다고
이리저리 뛰면서 옷 젖는 줄 모른다
곤충들은 집을 짓고 은둔하진만
추워서 명년 꿈이 꾸어질까

세상만사 그렇게 사노라니
이것이 주워진 자연 원리로다
추워지는 겨울이라도
흰 눈은 내리리로다

기다리다 늦으리

기다리다 어이하리
기다리다 허기질라
기다리다 숨막힐라
기다리다 세월 다 가네

그리움이 내 맘을 사로잡으니
지난 세월 남겨두고 볼까
나중에 내가 들춰 보고 싶소

먼저 가이소 늦으면 뛰어가리
손잡고 감이 부끄러울레라
돌아보지 말고 휭 하이 가이소

마음의 건강

부부가 건강한 생활이면 가정이 편안해지다
가정이 건강하면 사회가 건전하게 부흥된다
사회가 건강해야 국가는 부강해진다
나라가 건전하게 발전하면 세계는 평화로 가리

▲ 큰아들 조구증 임관식에서 (윗: 주구증, 둘째 조정기, 막내딸 조현주, 아래: 저자 부부)

호박 꽃 향기

달 가니 구름 가나니
구름 가니 달 가나니
허공의 달 구름도 가나니
하늘의 해도 떠 가나니
밤이면 별들도 간다네

간다간다 세월도 가는구나
인생은 늙으면 어디로 가나니
가다보면 종착역 있을게고
황혼의 종착역은 흙으로 가리라
죽으면 어찌 되는가
삶이 끝나는 날 천국가리
세월 따라 가다보면
인생은 없고 산화된 부스러기만
이것이 윤회생활인가 부활인가
회생하는 것도 아마도
자연으로 돌아가리로다

남극성

흰 눈 내리는 밤길에
역마차야 달려라
남쪽 하늘 별빛은 유난히 반짝인다
말방울 울리며
짤랑 짤랑 십자성 가는 곳으로
반짝이는 눈망울 속에
내 고향이 보인다
기다리는 그 님은 단 꿈을 꾸는가
달려라 영마야
어서가자 그리운 내 고향으로
새벽 길 달리는 역마야
샛별이 인도하니
님의 별은 유난히 밝으리라

순리

말만 들어도 찬양하고
살만 빼면은 건강하리

인간은 자연 따라 삶이온데
순리라 하오면 나는 어이하라고

인간은 누구 따라 더불어 살고
규범도 나 싫소 계명도 싫소

청산에 같이 살아보리
이것도 하느님 주신 진리라하네

남길것은

고국에 푸른 산 있어도
이 내 몸은 묻힐 곳 없네
마지막 가는 길에
남기고 갈 것은 무엇인가
가져갈 것은 무엇인가
아무래도 다 필요없다고
이름 하나만 두고 가라고
그리움만 두고 가리라

5장 먼 여행

60년에 다시 만남은 나의 애끓는 순간
금강산도 내 심소
옛모습 그대로 보여 주시라요
어이타 내 삶이
항상 바쁘기만 하오리까

만남의 광장 中에서

황혼의 구름 빛

세월은 왜 나를 남겨두지 않고
제 맘대로 끌고 가는게냐
발버둥친들 어이하라고

이것도 못하리 저것도 못하리
내버려 두어라 잡지 못할 그를
유수 같이 흐르는 세월에 씻어라

흘러가는 인생은 초로와 같고
오는 것도 가는 것도 주의 뜻이리
사랑으로 주님은 나를 부르신다네

너는 나를 데리고 가는게지
내가 따라 가는게 아니더냐
그곳에 가면 어이하라고

가보면 알거야 가보면 알거야
황혼의 마음은 갈색 구름되리라

만남의 광장

60년에 다시 만남은 나의 애끓는 순간
금강산도 내 싫소
옛모습 그대로 보여 주시라요
어이타 내 삶이
항상 바쁘기만 하오리까
님의 얼굴 잊은지
벌써 오래되었것만
왜 이다지도 그 이름이 새로워지나
기억 속에 사무치는 그 옛날
꿈은 어디로 갔나 찾아 볼 길 없네
미련 때문에 60년 길을 달려왔노라
새삼스레 그 이름 기억의 얼굴
그리던 모습은 보이지 않고
자꾸만 생각이 나를 괴롭게 하네
내 꿈은 어디로 가고 보이지 않네
추억의 그 얼굴이여...

마지막 길 여행

소천함은 좋을세라
나는 후회 없이 가리라
세상사람 따라 오도록
길을 닦으리로다
누구나 따라 오이소

이것이 인생의 마지막 길이라
가져갈 것 없으리로다
베풀고 감이 덕이로다

혼자 가는 게 좋을세라
서러워 말고 손 흔들어 주이소

바로 나 때문이야

그건 바로 너 때문이야
잘못을 떠 넘기려는 심보
그러다보면 해결은 멀어집니다

그건 바로 나 때문이야
말을 한다면 책임질 자
바로 너가 아니고 나였구나

해결의 응답은 쉬우리
하느님께서 인정해 주시리
내 탓이로다 하라

경로 복지

새벽을 깨우리
날이 밝아 온다

어버이 섬기기 게을리 마라
가신 후 애통하지 말고

경로 효친 있을 때 잘 모시어라
이웃사랑이 복지 키워 나간다

복지 잘하면 천국이라지
젊은 손길로 만들어 보세

여기가 낙원 되리니
우리동네 만세당이라

영원히 복지하리라
여유당에 쉬었다 가거라

▲ 괘능에서 친구들과 함께 (1990년)

참 좋은 날

참 좋은 날
불러주시면 난 가리라
주가 예비하신 곳
그 날에 난 가리라

난 가리라 주님 만나러
난 가리라
부르시면 즉각
달려 가리라

내 생명 끝나는 날
날 오라 하네
공영 자유 삶의 기쁨도
이제는 그만

세상 죄 벗어 버리고
날 오라하시네
사랑도 부귀도 할 일 없으니
난 가리라

부름받아

부름받아 나 여기 왔아오니
아름다움이 낙원 이라든가
화려함도 보는 것이 즐거움이라
주님이 사랑하시니 믿음의 종은 즐겁도다

때가 되면 부르시리라
모인 백성들 부름을 기다리리
인생에겐 즐거움이 가득
천국에 계신 주님 영광 받으옵소서

찾는 인물

초롱초롱 빛나는 눈에 사랑이 넘치고
어여쁜 입술에는 미소가 서리네
반달 같은 얼굴에는 지혜가 풍기고
그 자태에서는 향기가 넘치네
이러한 사람이 인격적인 모습이라

이러한 남자라면 나의 친구 되리라
나는 나는 행복해 질거야
이러한 처자라면 나의 배필로...
나는 나는 행복 속에 즐거움이 넘치리
하느님께서 정해주신 배필로 나는 맞으리

갈때까지

한몸 되어보니 둘에 나눠
부부 삶은 좋을세라
있을 때 좋은 일 하자꾸나
병노하면 어이하리
있을 때 잘해
후회하지 말고
다정함이 누구나 그리울세라

어이타 잊으리요
지난 날들을
그 추억을 남기려 하오리까
내 몰래 하지 말고
같이 함이 정다우리
후회한들 소용 없소
있을 때 잘 해야지
아웅다웅 다투지 말고
눈 흘겨 미워한들 어이하리
가신 후에 눈물은 소용없으리

어린이

어린이는 진실합니다
어린이는 하느님이라지요
어린이는 예수님이라지

정직함과 순진함이
천사라 합니다
천국 어린이라 합니다

인간의 한 존재의 처음이라지요
나중에도 어린이는 같을 것이니
확실한 존재로 큽니다
어린이는 알파와 오메가라 하리라

하느님이 기다리는 나그네 길

어 ~ 허어 어허야 아 ~
어 ~ 허어 어허야 아 ~

간다 간다 본향으로 내가 돌아 간다
왔던 길 빈 손으로 나는 다시 돌아 간다
흙으로 돌아가는 길을 저 노인은 알거야

후렴: 한번 떠나가면 다시 못 올 이내 인생
하늘로 가는 길은 나그네~ 길이란다
내 본향 집으로 나를 보내 주소소
사랑하는 주님이 나를 부르시네
영원히 쉴 곳 낙원에서 살으리라

꽃 진다고 서러워 마라 봄이 오면 다시 핀다
인생은 끝내 흙으로 변화 되고
다시 못 올 내 인생 영혼은 천국으로

하늘로 가는 길이 어디메냐 알고파라
일러 주렴아 너도 가고 나도 가야지
머나먼 저 길을 주가 인도 함이라

열차 타고 갈거나 바람 타고 갈거나
구름 타고 갈거나 무지개 다리 건너서
하늘로 가는 길은 향기 따라 천년성 가리라

가고 오는 길

길이 끝나는 곳에는
또 다른 길이 시작된다
지구상 모든 생물에는
이 길을 가야 한다

그 길이 끝나면 이어 주는 길
다른 길이 생기리로다

시작의 길은 봄으로부터 오고
없어지는 길은 가을되면 온다

소멸 되는 길이 있다면
소생하는 생명 길도 있으리라

잘 가면 행복의 길이요
보람 있게 가면 순리의 길이요

알고 보면 투명의 길이 보인다
모르고 가변 암흙의 길이고

잘 가면 종착역에 왔도다
잘 가면 종착역에 다았도다

천년성 가는 길

멀리 갔으나 내 집은 어디에
훨 훨 날아서 천년성 올라가리
은하수 건너서 주님께로 주님께로

1. 세월 따라 가는 배 어기여차 두둥실 어기여차 두둥실
창파에 돛을 달아라 넓은 창파에 노저어 가자
한 세상 멀어져도 돛단별 타고 노저어 간다
영원한 내 인생 지구촌을 떠나 가련다

2. 은하수 넘어서 먼 길도 한순간 가리라
영원한 낙원에서 우리 님 만나 살고 싶어라
세상 죄 일랑 천년성에서 심판 받으리
반겨 주실 우리 주님 날 용서 하옵소서

3. 나는 만나리 나는 만나리 천년성에서 주님을
기쁨으로 날 구해 주시리 내 아버지 집에서
주님 얼굴 뵈올 때 하늘에는 영광이요
지상 재물 다 버리고 우리 주님 만나러

4. 두고 온 근심일랑 모두 버리리로다
주님 만났으니 나는 안식하리로다
흰 옷 입은 천사가 나를 인도하네
사랑하는 우리 주님과 천년 만년 살고 싶어라

아쉬움

산새들도 울어주나니
초목은 한 천년 살자는데
내 인생은
머지않아 갈 터 인데
초목은 너울너울 춤을 추나니
새들도 노래하고요
꽃을 찾는 노랑나비가고
 아니 오누나
세월 따라 가는 인생
내 청춘은 어디로 가나
찾을 길 없는 그 젊음을
이제 만남이 55년 인가
짧은 인생의 만남이
넓으나 순간적이라
지금은 그리워집니다
반가움도 머지않아 황혼이드네
이별이라 하지요

▲ 막내 딸 조현주 가족사진

황제의 자리도 버리고

세상 사람 다 부러워하는 그 자리였는데
서로 앉으려고 밀고 당기고 할텐데
오른지 얼마 안가서 하야가 웬 말이냐.
부럽던 그 자리인데 말 한마디 못하고 가느냐.
바른말 해라 바른말 해라 누누이 일렀건만
견디다 못해 쓰러질 때 말 못하고 가는거야.
어리석은 이 애비를 원망하여라. 제군 들이여!
그 말만 남기고 가련다.
그 자리에 앉으면 말 못할게 너무나 많아
민족을 위해 역사를 위해 열심히 하려고 했는데
일만 벌려놓고 가는구나!
말 못할게 너무 많아서 위하여 내가 먼저 가야지.
세상이 조용해야 내 맘도 편안하다.
그러니까 거시기 때문에 나는 가야한다.
인사 없으나 잘 있거라 저 세상에서 만나면 알거야.
"바른말 해라 바른말 해라"
국민이 바라던 소리인데 그 한마디 못 하고 가는 심정
거시기가 뭐시간데 말 못 하고 벌써가랴.
청춘이 아깝지 않느냐?

거시기가 그러는데 거시기 때문이라 하더라.
낸들 어이하랴.
이 세상에 아무것도 못 남기고
'어리석다' 는 그 말 한마디 뿐이더냐.
할 말이 많을텐데 재벌 총수의 자리가
황제보다 낫다고 하던데 왜?
할 말 못하고 거시기 때문에.....
내가 짊어지고 천국 가느냐.
너는 거시기 때문에 황제의 자리도 버리고 말 없이
쓸쓸히 혼자 가느냐.
통일의 평화의 길 닦아 놓고
모든 죄 짊어지고 가는 몸 안타까워라.
마지막 길에 동행도 없이 호위도 없더냐.
좋은 일 다 하고 모든 것 다 버리고 혼자 가느냐.
뒤에 사람 어이하라고 낸들 알소냐.
거시기 때문에 가는 몸이니 거시기는 알거야..
훗날 좋은날 오며는 밝혀지리라.
국민들은 알고 있을거야.
너희들도 알게 될거야.
사랑하는 내 백성들아.
안녕!

기상

봄이 오면
기상의 측정을 날마다 알아보니
그 날이
흐리면 찌푸리고
비 올까 바람 불까
쾌창한 봄날이 될까
염려하는 찰라
세월은 흘러
동산에 진달래피고
뻐꾹새 울면 온다던
내 님은
오지 않는 건가
기다리는 내 맘
그날만을 잊지 않고
기다리는 나였기에
날씨 좋소 하면서
그리운 님을...

울산의 찬가

망치소리 들린다 새벽 등을 밝혀라
양정 뻘 갈대는 사라져 가리라
염포 가도 달린다 현대 쏘나타
노동의 흘린 땀 울산의 꽃이라

무룡산 정기 받아 세계로 달려라
젖줄인 태화강 출렁출렁 백만인 먹인다.

망치소리 들린다 새벽 천지 밝혀라
외항은 조선이요 내항은 무역이라
국보의 암각화 명승의 이름되리
나라의 번영은 울산에서 키운다.

망치소리 들린다 새벽잠을 깨워라
해뜨는 간절곶 대륙을 비춰라
울산의 젊은이 새 천년의 주인 되리
기다리는 큰 애기 울산의 꽃이 되련다.

할아버지! 시집 출판을 축하드려요!!

▲ 막내딸 조현주의 큰딸 강혜인 (남양주 예나 어린이집 원생)